AF332805

DE LA LÉGISLATION

DES

EAUX MINÉRALES

SURVEILLANCE DE L'ÉTAT

INSPECTION LOCALE — INSPECTION RÉGIONALE — AUTORISATION

POLICE — PROTECTION

PAR

A. GERMOND DE LAVIGNE

Rédacteur en chef de la *Gazette des Eaux*.

PARIS 1881

EXTRAIT DE LA

GAZETTE DES EAUX

Organe du Syndicat des Eaux minérales.

23e année. — Décembre 1880.

Paris. — Imp. Gauthier-Villars, 55, quai des Grands-Augustins.

EXAMEN

DU

RAPPORT GÉNÉRAL

SUR LE

SERVICE MÉDICAL DES EAUX MINÉRALES

POUR 1877

Présenté à M. le Ministre de l'Agriculture et du Commerce
par l'Académie de médecine, en 1880
(Rapporteur, M. Fauvel)

Nous pourrions nous servir des termes du préambule de ce rapport et dire qu'il vient très à propos ; ce ne serait pas d'une vérité parfaite. Le rapport est fait pour présenter au Ministre de l'Agriculture et du Commerce, au nom de l'Académie de médecine, en juin 1880, les résultats du service des Eaux minérales de l'année 1877, — il y a trois ans.

Voilà pour l'à-propos.

N'ayant que peu de choses à dire des travaux dont ce service a été l'objet ; n'ayant, parce qu'il faut bien les donner, que peu de récompenses à demander ; n'ayant pas à faire un grand éloge de « l'empressement plus ou moins vif (1) » de MM. les médecins-inspecteurs des eaux minérales à remplir à cet égard les obligations de leur charge ; ayant à tabler sur des « renseignements incomplets ne « reposant sur aucune base certaine, et ne donnant que des résultats trop fantaisistes pour être acceptés » (2), ce rapport avise qu'il est une question —› la législation existante sur les eaux minérales — qui « emprunte aux circonstances actuelles une opportunité toute particulière » (3).

(1) Page 17, lig. 21 du Rapport.
(2) Page 40.
(3) Page 2, lig. 7.

On nous permettra de dire que cette opportunité ne date pas d'aujourd'hui seulement ; qu'il y a un certain nombre d'années que la question est instante ; qu'elle a été agitée sous toutes les formes ; magistralement discutée dans des rapports antérieurs. Une discussion nouvelle, armée des mêmes arguments, des mêmes affirmations et des mêmes dénégations, n'est pas de nature à faire la lumière, puisque celle-ci est absolument faite. Il vaudrait bien mieux, nous semblerait-il, que le ministre à qui le rapport s'adresse voulût bien déclarer la cause entendue, afin que cela ne redevînt pas le thème d'un rapport futur, et ordonner qu'il fût passé à une conclusion quelconque, et surtout à des réalisations qui sont sollicitées de toutes parts.

Le rapporteur de l'Académie vient bien dire que la révision de la législation des eaux minérales est demandée avec instance, et peut, d'un moment à l'autre, être portée devant le Parlement. Une concession un peu plus complète pourrait, à l'heure présente, nous être faite par M. le rapporteur : c'est que cette législation est réellement caduque, c'est que la science, les droits de la propriété, la distinction entre le privilège et le droit commun, entre l'industrie protégée et l'industrie indépendante ont fait beaucoup de chemin. Il n'y a pas de raison pour ne pas agir, à propos de cette moindre question des Eaux minérales, — comparativement aux autres questions qui se débattent dans un État reconstitué — comme il se fait de tous côtés au point de vue du libéralisme, de l'émancipation et de l'égalité légale.

Les circonstances actuelles, circonstances déjà vieilles de quinze ou dix-huit ans (1), veulent que l'on ne se cantonne plus dans des résistances à bout d'argument, et que l'on étudie bien franchement les besoins et les intérêts de demain.

La question agitée depuis des années est double. Elle comprend, disons-le tout de suite et nettement, une législation des autres temps, et une institution plus vieille encore.

Nous avons toujours cherché à ne pas distinguer l'une de l'autre. Nous ne voulions pas attaquer séparément un sujet dans lequel il y a des considérations personnelles, et nous avions toujours pensé que nous sauverions le point de vue

(1) L'annexion de la Savoie à la France et la suppression de l'inspectorat collectif auprès des thermes d'Aix-les-Bains.

délicat de ces considérations, en résolvant avant tout la question de réorganisation générale, l'affaire personnelle ne devenant plus qu'une conséquence forcée de cette réorganisation.

Nos amis disent que cette précaution est superflue; qu'il n'y a plus de mystère à ménager; que la question à peu près unique et dominante pour eux, — ils sont médecins — est l'inspectorat médical. Pour nous, au contraire, l'inspectorat ne serait qu'un des articles de la réforme administrative à obtenir.

Obéissons néanmoins à nos amis, revoyons d'abord la question de l'inspectorat, et les arguments que met sur table le rapporteur académique : la question législation sera le second point de notre travail au lieu d'en être le premier.

Nous citerons donc l'argumentation de M. le rapporteur sur cette question, et nous la discuterons ensuite.

« Les documents les plus anciens concernant l'exploitation des eaux minérales en France nous montrent cette exploitation surveillée au nom du Roi ou de l'État par un médecin. L'arrêt du Conseil de 1781 coordonna les dispositions antérieures sur la police des eaux minérales et y ajouta celles dont l'expérience avait fait ressortir l'opportunité. La surintendance des eaux minérales du royaume, confiée depuis longtemps au premier médecin du roi, y est confirmée : des intendants choisis parmi les médecins les plus habiles ont la surveillance des sources et veillent à leur entretien, à leur exploitation convenable et à leur conservation. Les intendants devaient rendre compte, chaque année, à la Société royale de médecine des résultats de leur inspection. Aux dénominations près, c'est exactement ce qui est pratiqué de nos jours.

« Sous la République, le service des eaux minérales fut placé dans les attributions du ministre de l'intérieur. Un arrêté du Directoire du 29 floréal an VII reproduit, presque dans toute leur intégrité, les dispositions de l'arrêt du Conseil de 1781, sauf les modifications résultant des changements survenus dans la forme du gouvernement.

« Dans un arrêté consulaire du 3 floréal an VIII, il est dit que le prix du bail des sources affermées appartenant à la République sera uniquement employé à l'entretien, à la réparation des sources, ainsi qu'au *traitement des officiers de santé chargés de l'inspection des eaux.*

Le même arrêté partage les sources minérales appartenant à l'État en trois classes d'après le produit de leur location; il fixe le traitement affecté aux médecins inspecteurs de chacune de ces trois classes. Un autre arrêté du 6 nivôse an XI étend les dispositions qui précèdent aux sources appartenant aux communes et établit que les propriétaires des sources étaient tenus de se conformer aux règ'ements de police des eaux minérales, et de pourvoir sur le produit de ces eaux au payement *de l'officier de santé que le gouvernement jugerait nécessaire de commettre pour leur inspection.*

« L'inspectorat médical des établissements d'eaux minérales est maintenu par l'ordonnance royale du 18 juin 1823 qui en précise mieux le fonctionnement.

« Enfin la loi de 1856, bien qu'ayant pour objet principal la conservation des eaux minérales, dispose (art. 18) que « la somme nécessaire pour couvrir les frais d'inspection médicale et de surveillance des établissements d'eaux minérales autorisées est perçue sur l'ensemble de ces établissements; que le montant en est déterminé tous les ans par la loi de finances; que la répartition en est faite entre les établissements au prorata de leurs revenus; que le recouvrement a lieu, comme en matière de contributions directes, sur les propriétaires, régisseurs et fermiers des établissements; » et (art. 19) que « des règlements d'administration publique déterminent l'organisation de l'inspection médicale et de la surveillance des sources et des établissements d'eaux minérales naturelles; les bases et le mode de la répartition énoncée en l'article 18 ; les conditions générales d'ordre, de police et de salubrité auxquelles tous les établissements d'eaux minérales naturelles doivent satisfaire.

« Le décret du 28 janvier 1860 eut pour objet la réglementation prescrite par la loi. Or, à part l'innovation introduite par l'article 18 touchant les frais de l'inspection, le règlement de 1860 n'a fait que reproduire les dispositions des règlements antérieurs qui concernent l'inspectorat médical.

« Cet inspectorat a donc été, dès l'origine, une nécessité reconnue qui a été admise sans contestation et sous la même forme jusqu'à nos jours. Un seule innovation y a été introduite par la loi de 1856 pour le payement des frais qui en résultent et loin d'être heureuse, cette innovation n'a fait que créer des difficultés insurmontables.

« Le règlement de 1860, en vigueur aujourd'hui, détermine en termes un peu vagues les attributions des médecins inspecteurs; aussi nombre d'entre eux se plaignent-ils chaque année du rôle restreint et insuffisant qui leur est attribué. Sans doute le règlement de 1860 est trop peu explicite sur ce point, mais ce qui n'est pas dit dans ce règlement est nettement déterminé dans les articles 4, 5 et 6 de l'ordonnance de 1823 qui n'ont point été abrogés.

« L'inspectorat médical a pour objet, dit cette ordonnance, tout ce qui, dans chaque établissement, importe à la santé publique. Les inspecteurs font, dans ce but, aux propriétaires, régisseurs ou fermiers, les propositions et observations qu'ils jugent nécessaires ; ils portent, au besoin, leurs plaintes à l'autorité et sont tenus de lui signaler les abus venus à leur connaissance.

« Ils veillent particulièrement à la conservation des sources, à leur amélioration. Ils surveillent, dans l'intérieur des établissements, la distribution des eaux, l'usage qui en est fait par les malades, sans néanmoins pouvoir mettre obstacle à la liberté qu'ont ces derniers de suivre les prescriptions de leurs propres médecins et même d'être accompagnés par eux s'ils le demandent. »

« Ces dispositions complètent, quant aux attributions des inspecteurs, ce que le règlement de 1860 a exprimé d'une façon trop sommaire.

« La question de l'inspectorat médical a été magistralement traitée par Gübler, au nom de l'Académie, dans son rapport présenté en 1873, et la discussion à laquelle a donné lieu ce rapport a achevé de mettre en lumière tous les côtés de cet important sujet. Il ne semble pas qu'il soit possible d'ajouter quelque considération nouvelle à ce qui a été dit dans ce débat, soit pour, soit contre l'inspectorat. Jusqu'alors l'Académie s'était toujours montrée favorable à cette institution, mais en adoptant les conclusions formulées par Gübler, elle se prononça d'une manière plus précise pour son maintien, tout en indiquant les améliorations dont elle était susceptible.

« Elle a reconnu, comme l'a très bien exprimé Gübler, que « la présence près des établissements thermaux d'un membre du corps médical investi du droit de contrôle et d'une autorité morale qu'il doit tenir de sa valeur personnelle plus que de ses pouvoirs, est tout à fait propre à empêcher les regrettables abus du mercantilisme et peut exercer une influence favorable sur le développement régulier et la prospérité de ces établissements. »

« Plus loin, dans son rapport, Gübler, après avoir proposé d'adjoindre à l'inspecteur une commission composée des autres médecins exerçant dans la station, se résume ainsi : « L'Académie de médecine est convaincue qu'une surveillance médicale active et incessante près des établissements d'eaux minérales est indispensable à la bonne tenue et à la prospérité de ces établissements, aussi bien qu'elle est une garantie et une sécurité pour les malades qui les fréquentent. Elle reconnaît que cette intervention ne saurait être efficace si elle était collective, et que la responsabilité deviendrait illusoire du moment qu'elle serait anonyme. »

« L'Académie persiste assurément dans cette manière de voir, comme elle persiste à reconnaître les desiderata de l'institution au point de vue scientifique, bien que, grâce à l'impulsion donnée par le rapport de Gübler et au concours empressé de l'administration, d'heureux progrès aient été accomplis et que les rapports des inspecteurs aient été plus nombreux. plus complets et plus scientifiques. C'est d'ailleurs un point sur lequel nous aurons à revenir. »

« C'est exactement ce qui est pratiqué de nos jours, » dit M. le rapporteur (1), et c'est précisément ce qui ne doit pas être. Tout est changé, le régime politique, les droits de la propriété, l'indépendance du propriétaire. La tutelle a disparu, et, en l'espèce, les eaux minérales sont autrement comprises qu'elles l'étaient alors. On les connaissait à peine ; on se croyait obligé d'en surveiller l'usage de très près; on croyait qu'il fallait une initiation toute particulière pour en diriger l'administration, et l'initiation conduisait à l'autocratie, de même que l'intendance était le monopole. Les exemples de cette pratique de l'ancien temps, du temps du Roi, suivant que le souligne M. le rapporteur, ne sont pas si loin de nous que l'on ne puisse nommer Bertrand et Darralde, qui cultivaient, au Mont-Dore et aux Eaux-Bonnes, les traditions autoritaires de cette réglementation formulée par l'arrêt de 1781. Mais, en bonne conscience, il n'y a plus moyen de *pratiquer* cela aujourd'hui.

Et ce serait absolument impraticable. Les eaux minérales. veuille bien le remarquer M. le rapporteur, étaient presque toutes propriété de l'État, presque toutes sous une tutelle spéciale. Aujourd'hui, elles sont propriété des particuliers, et propriété régie par le droit commun; ou bien, en petit nombre, propriété de quelques hospices, régies administrativement, ou encore biens communaux, mis en ferme presque tous, suivant la loi de tous, sans exceptions ni particularités. C'est donc bien changé depuis ce temps-là. Et la science donc, et la liberté professionnelle, et le droit au travail, c'est-à-dire à l'exercice de l'art de guérir partout où il existe des malades, et l'égalité de ce droit pour quiconque a acquis, devant l'enseignement de l'Etat, le droit de traiter par les eaux minérales, comme il traite par les moyens d'action de la chimiatrie ? Non, ce n'est plus exactement la même chose.

Sous la République — pour éviter une confusion, M. le rapporteur pourrait dire « sous la première République », puisque nous sommes en la seconde, — sous la République, cela se perpétua un peu avec le régime du décret de 1781, comme se

(1) Premier paragraphe cité

perpétue aujourd'hui le régime du second empire ; parce que,
alors comme aujourd'hui, c'était, relativement aux grandes
affaires à l'ordre du jour, une bien mince question. Mais cet
argument, le seul, n'est pas de mise maintenant, parce que
un siècle a passé, pendant lequel nous avons fait peau neuve,
pendant lequel nous avons beaucoup appris, beaucoup élucidé,
beaucoup nivelé, beaucoup réformé, sauf la question des
eaux minérales. Elle est si petite, qu'elle ne mérite ni cette
agitation, ni cette résistance. Mais il ne faut pas, néanmoins,
que cela reste exactement la même chose.

M. le rapporteur veut bien nous rappeler qu'alors, sous la
période consulaire, le traitement des officiers de santé chargés de l'inspection des eaux était imputé sur le produit des
sources affermées, que les propriétaires pourvoyaient aussi
par eux-mêmes à ce traitement en ce qui les concernait. Ce
n'est donc plus exactement de même, puisque voici que survient un arrêt de cour d'appel déboutant un médecin inspecteur de sa demande en payement d'honoraires contre le propriétaire de la source qu'il inspecte. Et voilà la justice qui
montre le chemin à l'administration. Donc la pratique est en
voie de changer.

La même chose ? Mais M. le rapporteur ne perd-il pas de
vue que déjà les articles 6 et 11 de l'ordonnance de 1823
donnaient aux malades la liberté d'avoir leurs propres médecins, d'être accompagnés par eux, et de ne rien payer à l'inspecteur lorsqu'ils n'en recevaient pas des soins particuliers ?

Il n'y a pas si longtemps que ce petit payement était encore
exercé. Et, disons-le, c'est de ce jour qu'ont disparu la possibilité du contrôle, la vérité, et par conséquent l'opportunité
dans le rapport inspectoral.

M. le rapporteur, en affirmant que le décret de 1860 n'a
fait que reproduire les dispositions antérieures sans contestation, sous la même forme, oublie ces deux coups de marteau
de l'ordonnance de 1823, et le coup de bélier de l'article 15
du décret de 1860, qui autorise l'usage des eaux sans per-
mission et sans ordonnance de médecin.

Et cette liberté, qui devait tuer tout le monde, n'a en somme
tué personne, si ce n'est ceux qui ont mieux aimé économiser
sur les honoraires en économisant sur leur existence. Il en
sera de même de ce cri d'alarme poussé à propos d'un « rôle

restreint et insuffisant, » qui est un fatal aveu de l'inanité de fonctions déjà amoindries par la force des choses.

Gübler a écrit sur la question de l'inspectorat un charmant rapport — non pas qu'il soit magistral — mais fin, gracieux, aimable et nullement concluant. La preuve, c'est que ce rapport date de 1873, et que rien n'a encore été accepté des propositions de Gübler, ni la suppression du rapport officiel, ni la réunion des médecins libres en commission consultative, ni la désignation des candidats à l'inspection, sur double liste présentée par le Comité d'hygiène et par l'Académie de médecine.

On a pensé sans doute que le rapport officiel finirait par se supprimer de lui-même ; on a compris que cette réunion des médecins libres, dans les stations où il y a plusieurs médecins, une seule fois, après la saison, sous la présidence de l'inspecteur, était une idée puérile qui devait faire long feu; parce que les médecins libres n'accepteraient pas la présidence de l'inspecteur, parce qu'ils ne se contenteraient pas d'une séance par an, et parce qu'il pouvait leur plaire davantage de se réunir de leur propre initiative, plusieurs fois dans le cours de la saison, et sous la présidence toute naturelle de leur doyen, ce qui ne conduirait pas à la reconnaissance d'une autorité qu'ils nient. Quant à faire une liste, l'Académie de médecine nous paraît avoir un médiocre désir d'intervenir dans ces compétitions, et de voir les colonnes de sa salle des Pas-Perdus servir d'embuscade pour les solliciteurs. Il y en a déjà bien assez. Le rapporteur de 1880 relève uniquement la combinaison de la commission consultative annuelle, et offre cette combinaison aux adversaires de l'inspectorat comme fiche de consolation. C'est bien tardif et bien inefficace, lorsqu'il s'est fait sept années de silence et de dédain sur cette proposition *in extremis*.

Cela serait-il propre, comme se plaît à le dire le rapporteur actuel, « à empêcher les regrettables abus du mercantilisme? »

De quel mercantilisme veut-on parler ?

De celui qui sort des convenances de la profession, ou de celui qui est régulièrement professionnel ?

Ce mercantilisme est un fantôme auquel nous ne croyons guère.

Le rapporteur examine ainsi les propositions formulées par Gü-

bler dans son Mémoire de 1873, propositions « restées à l'état
de vœux », et considère l'une d'elles, la « Commission consultative », comme réalisable, en ce qu'elle donnerait satisfaction
aux prétentions légitimes des médecins libres.

...« Mais il convient de faire remarquer, continue le Rapporteur,
qu'elle n'est applicable qu'à nos principaux établissements où la concurrence médicale est grande, tandis que dans les petites stations, où
l'inspecteur est souvent le seul médecin exerçant dans la localité, la
commission consultative ne serait pas réalisable, et le fût-elle dans
quelques cas, qu'elle aurait pour conséquence un antagonisme étroit
plus nuisible qu'utile à la prospérité de l'établissement.

Les inspecteurs d'un certain mérite, qu'on a déjà bien de la peine
à recruter pour ces stations d'intérêt pour ainsi dire local, feraient
alors complètement défaut, et l'exploitation serait livrée au mercantilisme. Aussi, dans la pensée de Gübler comme dans celle de l'Académie, la création d'une *commission consultative* n'est-elle indiquée
que pour les établissements thermaux d'une certaine importance, et
l'importance, dans ce cas, se mesure par le nombre des médecins
attachés à la station.

Après toutes ces considérations, est-il nécessaire que l'Académie
s'attache à reproduire et à discuter toutes les critiques de détail qui
ont été formulées contre l'inspectorat ? L'Académie ne le pense pas,
parce que ce serait répéter sans utilité des arguments pour ou contre
qui ont été produits dans la discussion de 1873, et auxquels il n'y a
rien à ajouter. L'Académie ne fait pas de polémique, elle ne peut qu'ex-
primer son opinion et ses vœux fondés sur des considérations d'intérêt public en dehors de toute autre question. Or, pour l'Académie,
l'intérêt public dans cette affaire est le bien des malades avant tout.
Et comme elle est soucieuse de réaliser autant que possible ce *desi-
deratum*, elle n'entend pas subordonner l'existence d'une institution
qu'elle regarde comme essentiellement utile dans ce but, à une question de concurrence professionnelle.

Les intérêts qui veulent que la surveillance de l'État soit exercée
dans chaque station hydrominérale d'une certaine importance par
un médecin attaché à la station sont-ils ou ne sont-ils pas supérieurs
à celui que les adversaires de l'institution font valoir ? De la réponse
à cette question dépend la solution du problème. L'Académie n'a pas
hésité à se prononcer pour l'affirmative, non pas qu'elle nie les im-
perfections de l'inspectorat, ni le bien-fondé de certaines critiques qui
lui sont adressées au nom de la concurrence professionnelle; mais
par ce qu'elle y voit un intérêt majeur. Elle estime du reste que
l'institution peut et doit être améliorée, et que l'adjonction à l'ins-

pectorat, dans les stations importantes, d'une commission consultative donne toute satisfaction aux réclamations légitimes des autres médecins.

Nous pourrions nous arrêter là ; cependant nous ne croyons pas devoir passer sous silence une proposition séduisante au premier abord et qui semble sauvegarder tous les intérêts. Nous voulons parler de la proposition qui consisterait à remplacer l'inspecteur attaché à chaque établissement thermal d'une certaine importance, par un médecin chargé d'inspecter un groupe de sources minérales d'une même région. On aurait ainsi un inspectorat régional.

Les avantages attribués à cette forme de l'inspectorat médical seraient que l'inspecteur, dégagé de toute préoccupation de clientèle, pourrait consacrer tout son temps à l'étude des eaux comprises dans le groupe dont il aurait la surveillance. Il en étudierait comparativement les propriétés, à tous les points de vue et par les procédés scientifiques les plus exacts ; il surveillerait leur exploitation, noterait les *desiderata*, prendrait connaissance des plaintes, signalerait les infractions aux règlements, etc., et tout cela sans être arrêté par aucune considération d'intérêt personnel dans la localité ; en un mot, on estime que, dans ce système, l'inspection serait plus efficace au point de vue de l'intérêt public qui motive la surveillance de l'État, plus fructueuse sous le rapport scientifique. et enfin exempte d'inconvénients au point de vue de la concurrence professionnelle.

Nous sommes loin de nier plusieurs des avantages attribués à l'inspectorat régional. Ainsi, nous admettons qu'un inspecteur exempt des soucis de la clientèle aurait une grande indépendance vis-à-vis des exploitants, et donnerait, sous ce rapport, toute garantie à la surveillance de l'État dans l'intérêt des baigneurs ; que cet inspecteur pourrait se livrer à des études comparatives très intéressantes. ce qui est bien difficile à l'inspecteur attaché à une station ; et que n'ayant aucun intérêt à exagérer les propriétés curatives spéciales de telle ou telle source, ses appréciations auraient un caractère scientifique plus impartial.

Le rapporteur, tout en concédant la «Commission consultative» aux vœux des médecins libres, en conteste tout aussitôt la possibilité dans la plupart des cas. Il veut qu'il y ait dans la station une certaine concurrence de médecins, afin que les travaux de cette Commission soient purement scientifiques ou administratifs et qu'ils ne soient pas entravés par quelques considérations étroites d'antagonisme résultant de compétitions locales. Ainsi, dans la pensée du rapporteur, on est dégagé de toute passion quand on est dix ; on ne s'occupe que de science et d'intérêts professionnels. Quand on est deux, quand on est trois, au contraire, les rivalités sont plus vives, la concurrence plus animée, et l'on ne peut pas, à une heure donnée, laisser là ces préoccupations de clientèle, pour se concerter, à tête reposée, sur l'organisation d'une sage administration médicale.

Est-ce bien exact? Est-ce bien gracieux pour les confrères de M. le rapporteur, lorsqu'ils ne sont que deux, et lorsqu'ils n'ont pas *ce certain mérite* (1) qui impose, paraît-il, plus de courtoisie mutuelle et plus d'impartialité.

L'Académie, au nom de laquelle parle M. le rapporteur, et qui n'a pas été appelée, croyons-nous, à examiner d'un peu près les doctrines du rapport, déclarées siennes devant le Ministre à qui ce discours s'adresse, l'Académie a entendu aussi un jour l'un de ses membres les plus distingués, l'un des praticiens éminents de l'art hydrologique, mettre en doute, en termes non moins vifs, la compétence et l'opportunité des Commissions médicales, même de dix ou douze médecins, auprès des stations les plus importantes. Il accentuait même davantage ses arguments, appuyait sur ces raisons d'antagonisme, de rivalité, de compétition; il ne voyait nulle part d'hommes d'un certain mérite, et concluait à l'inanité de toute commission médicale.

On reconnaît par là combien les défenseurs du vieil état de choses sont peu convaincus de l'opportunité de cette concession proposée par Gübler; et nous, de notre côté, nous ne voyons pas ce qu'y gagneraient les médecins consultants. Parfaitement libres de se réunir, de se concerter entre eux sur les améliorations que leur paraît réclamer l'installation des eaux auprès desquelles ils exercent; devant être convaincus qu'ils seront écoutés lorsqu'ils parleront au nom de la science, et avec l'autorité que donnent la collectivité et la démonstration de l'entente mutuelle, ils seront toujours bien plus forts ainsi, que lorsqu'ils obéiront, après la saison close, à un mandat officiel, auquel la plupart se montreront indifférents. Ils se réuniront d'eux-mêmes, de leur bon droit d'hommes indépendants; ils n'accepteront pas une organisation présidée par un fonctionnaire qu'ils contestent. C'est ici que sera l'antagonisme.

La concession, faite dans ce rapport nullement convaincu,

____

(1) Deuxième paragraphe ci-dessus.

est absolument vaine et n'est pas de nature à répondre à des aspirations qui ont une tout autre portée. Bien sûrement non, quoi que dise le rapport, cette « adjonction » ne donnerait pas satisfaction aux réclamations légitimes des médecins libres. Ce serait leur faire lâcher la proie pour..... le leurre.

Oui, certes, l'État est engagé; il doit aux intérêts de la santé publique d'exercer une certaine surveillance sur les établissements d'eaux minérales. Il est malheureusement obligé d'intervenir partout où il s'agit d'hygiène, de prophylaxie, de connaissance de soi-même, même la plus élémentaire. La machine humaine, si rebelle, si revêche en matière d'argumentation, en politique surtout, est ce qu'il y a de plus incapable, de plus aveugle, de plus inerte, lorsqu'il s'agit de santé. Nulle science, chez le vulgaire, n'est aussi élémentaire, aussi nulle que celle-là; nulle connaissance n'est aussi vague. Ce fut toujours le premier devoir de l'homme que de se connaître soi-même, d'étudier ce qu'il lui faut; c'est ce dont il se doute le moins. Il faut que l'Etat s'en mêle. En révolte pour toutes les choses d'esprit, en tutelle pour toutes celles où l'instinct devrait lui suffire, il faut que ce soit l'Etat qui l'avertisse de se garder d'une contagion, de se défendre d'un aliment frelaté, d'un procédé de chauffage mortel, d'une atmosphère malsaine et d'une eau minérale qui lui serait contre-indiquée. Il faut que l'Etat charge des médecins de le prémunir contre les épidémies, des vérificateurs d'essayer les vins falsifiés, des contrôleurs d'interroger les victuailles trop avancées. Il faut que des inspecteurs s'enquièrent si des bouteilles d'eau minérale ont été convenablement rincées, suffisamment bouchées, et si, à l'inverse des bons vins que l'âge améliore, elles n'ont pas vieilli trop longtemps pour rester saines et potables.

De toutes ces choses nuisibles à l'homme inconscient, boissons, aliments, condiments, apéritifs, digestifs, beaucoup d'entre elles dangereuses, fatales, toxiques, qui ébranlent l'organisme, qui appauvrissent la race, qui déciment les populations, les unes surveillées, un peu contrôlées, quelquefois châtiées, les autres livrées à elles-mêmes, circulant aux risques et périls de ceux qui en usent, la moins dangereuse, à coup sûr, la moins inquiétante, si jamais elle a inquiété personne, c'est bien certainement l'eau minérale. Et l'Etat a commis à sa garde, à sa surveillance, à sa mise en bouteilles, à son déballage et à la vérification de son acte de naissance, toute une catégorie d'hommes distingués, adeptes de la plus respectable des sciences, à qui Hippocrate a dicté la plus solennelle des doctrines, les protecteurs de la vie humaine, les dispensateurs de la santé. Et l'Etat d'aujourd'hui, héritier des traditions empiriques du xviie siècle, les a pris, non pas parce que médecins, mais quoique médecins, pour ce rôle de surveillance où cette grande science n'a que faire.

On a dit un jour — c'est un des hommes considérés parmi les émérites du corps inspectoral : — « Les articles 6 et 11 de l'ordonnance de 1823, l'article 15 du décret de 1860, ont considérablement atténué l'autorité et le privilège de l'inspecteur; il n'a à peu près plus rien à faire au point de vue médical, si ce n'est qu'il lui reste les attributions personnelles que lui donne sa profession. Ses fonctions ne sont plus qu'administratives; il n'est plus que commissaire de surveillance; il n'y a pas besoin pour cela qu'il soit médecin. »

Le très spirituel et très judicieux rédacteur des samedis de l'*Union médicale* disait aussi un jour, sans argumenter autrement : « Pourquoi retirer aux médecins l'inspection des eaux minérales? ont-ils déjà tant de fonctions parmi celles que dispense l'État? »

Un membre du Comité consultatif d'hygiène, recherchant, il y a deux ou trois semaines, quels motifs pourraient être invoqués pour le maintien à Paris — car il n'en existe qu'à Paris — des médecins contrôleurs de l'arrivée des caisses d'eaux minérales dans les maisons de dépôt de la capitale, ne trouvait non plus que cet argument défensif : « C'est que les médecins n'ont déjà pas tant de places ! »

Cela peut être vrai; alors surveillez médicalement les denrées des halles, les farines des minoteries, les bitters, les amers, les absinthes, les cognacs et les kirschs. Mais pourquoi les eaux minérales? Surveille-t-on telle eau gazeuse cis-rhénane sursaturée par des moyens artificiels? Surveille-t-on telle autre eau française fabriquée de toutes pièces, avec étiquette authentique, et qui se vend chez tous les épiciers? On les surveillerait, qu'il n'y a là aucun danger; ce serait une satisfaction au point de vue de la loyauté de la marchandise vendue; ce serait une tâche facile pour un élève émérite en pharmacie. La tâche n'est pas digne d'un docteur en médecine, quelque droit qu'il puisse prétendre au budget de l'Etat.

Ailleurs est donc la satisfaction à donner aux médecins libres auprès des eaux minérales; elle est dans la reconnaissance absolue du droit d'exercice de la profession, dans la suppression de toute cau·e privilégiée de concurrence et de préférence, alors que cette cause gît dans une institution sans utilité actuelle.

Ce dont l'Etat a besoin, pour couvrir la responsabilité peu inquiétante qui lui reste, c'est de surveiller *administrativement* les établissements d'Eaux minérales :

Comme propriétaire, les six établissements qui lui appartiennent;

Comme tuteur, les quelques établissements des hospices et des communes;

Comme protecteur, les nombreux établissements appartenant aux particuliers.

A cet égard, quelles sont les obligations qui lui incombent? Rien qui sorte du droit commun. Le bon ordre qu'il est nécessaire de conserver parmi toute réunion accidentelle d'étrangers; les soins de police à observer soit à l'intérieur soit au dehors de l'établissement; la protection particulière due aux gens malades ; la tranquillité publique; la salubrité; certaines conditions d'organisation des services et lieux publics, voitures, spectacles, concerts, etc., et spécialement dans l'établissement, l'observation du règlement concerté entre le préfet et le propriétaire ou fermier; ce règlement établissant les conditions relatives à l'administration des bains, douches, etc.; c'est-à-dire la propreté des locaux, l'impartiale distribution des heures, l'égalité des prix, la « séparation des sexes », le respect de la morale et des convenances.

Ce sont là, pour la plupart, des soins d'organisation intérieure qui se rapportent tout naturellement à la responsabilité et à l'intérêt personnel du propriétaire ou du régisseur. Un établissement de bains minéraux naturels tient beaucoup, à cet égard, d'un établissement de bains publics où l'on donne aussi des bains médicinaux, des bains de gélatine, des bains aromatiques, des bains de sulfure de potasse, des bains de carbonate de soude, des bains d'eaux mères, des bains de vapeur, des douches froides, des douches chaudes et des inhalations.

La responsabilité médicale, très souvent, est autant engagée dans ceux-ci que dans ceux-là, et nous ne sachons pas que

dans ceux-ci il y ait un médecin en surveillance permanente.
Cela se passe, dans les premiers, plus spécialement et plus
solennellement : c'est l'acte dominant et successif d'un certain
nombre de jours ; les malades observent cela comme un pèle-
rinage, les médecins comme un mandat exclusif, et cela se
complète par une série d'observations cliniques importantes
pour les annales de la station, puis par une statistique catégo-
risée du nombre des malades venus pendant la saison, et des
sommes d'argent laissées dans le pays.

Voilà donc ce que doit faire l'inspection locale des Eaux
minérales, pour couvrir la responsabilité de l'État. gardien de
la santé publique. Avons-nous omis quelque chose? Nous voulons bien croire que l'on ne fera pas revivre la question des
indigents, auxquels nulle part un médecin, fonctionnaire ou
non, ne saurait refuser ses conseils et ses soins. Les indigents
appartiennent à tous, et ne se monopolisent pas.

Cela exposé et développé, nous sommes amené à examiner
cette proposition, certainement séduisante, qui consiste à remplacer l'inspection médicale locale par l'inspection régionale.

Il résulte de ce que nous venons de dire, que nous ne trou-
vons plus de raison d'être dans le rôle médical : L'inspecteur
régional, à notre point de vue, n'est donc pas « un médecin
chargé d'inspecter un groupe de sources d'une même région »(1),
mais un inspecteur *administratif*.

C'est lui qui exercerait la surveillance échue à l'État au
point de vue de l'intérêt public; lui qui, dans l'étendue de la
région qui lui serait attribuée, donnerait à cette surveillance,
dans les divers établissements, une organisation uniforme;
lui qui, n'ayant pas à intervenir dans la gestion d'établissements qui ont leurs propriétaires, leurs régisseurs ou leurs
fermiers, pourra cependant indiquer à chacun les pratiques
utiles, les réglementations qu'il importera d'observer; lui qui
recueillera, pour les transmettre à l'administration départemen-
tale ou centrale, les observations ou les plaintes des malades et
des médecins sur ces questions d'installation; qui centralisera
et coordonnera avec plus de vérité les renseignements administratifs et matériels dont la réunion importe plus particulièrement au département ministériel compétent.

(1) Rapport, cinquième paragraphe ci-dessus.

L'intérêt scientifique, c'est l'Académie de médecine qui le réclame; ce sont les médecins, et tous, à titre égal, qui l'alimentent. L'inspecteur peut avoir mandat de provoquer les travaux médicaux, les résultats de la clinique de chacun; pour mission, de les réunir et de les remettre au ministre, afin qu'ils soient transmis à la savante assemblée. Ce sont les médecins qui, d'eux-mêmes, tous à titre égal, comme en thérapeutique générale, comme en pratique chirurgicale, comme en observations chimiques et physiques, établissent, suivant les inspirations de leur pratique et les résultats de leurs études, les annales de la science hydrologique. Ce sont les inspecteurs régionaux qui assurent l'ordre, l'honnêteté, la sécurité, et font l'historique administratif de cette grande et intéressante industrie.

A ce propos et fort opportunément, le *Journal de Cauterets* exprime, sur l'inspectorat médical et sur l'inspectorat régional, une opinion que nous nous empressons de reproduire :

« Si la valeur des personnes pouvait justifier une institution, nous n'hésitons pas à le dire, l'inspectorat médical des eaux devrait être maintenu; mais les aguments qui militent pour sa suppression sont d'une telle force, que rien ne peut l'amoindrir, et qu'il importe, le plus possible, de leur donner gain de cause.

« Si l'inspectorat des eaux doit revivre, ce ne peut être qu'en substituant aux médecins-inspecteurs des inspecteurs-ingénieurs chargés, non plus seulement du service d'une seule station, où leur activité ne trouverait pas assez d'aliment; mais, au contraire, du service de toute une région thermale.

« A ce point de vue, — que le *Journal de Cauterets* a été le premier à signaler, — le département des Hautes-Pyrénées, si riches en sources minérales, pourrait à lui seul former une région.

« L'ingénieur-inspecteur serait charger de veiller à la tenue — souvent un peu négligée — des établissements thermaux; de recevoir les avis et les réclamations des médecins, de les étudier, de les résumer, d'en tirer toutes les indications utiles à des réformes pratiques; de veiller à l'aménagement des sources, au bon état de leur captation; aux captations nouvelles, à celles qu'il faudrait refaire. A notre sens, ces derniers travaux, qui sont tout à fait d'intérêt public, devraient, toujours être entrepris par moitié aux frais de l'État et aux frais du propriétaire des sources, que ce propriétaire fût, d'ailleurs, une vallée, une commune ou un particulier.

« Espérons que l'attention de l'autorité compétente, chargée du maintien et du progrès de nos richesses thermales, dont le monde entier est tributaire, ne tardera pas à se diriger du côté que nous indiquons ici. »

Le *Journal de Cauterets* confirme les arguments qui ont été fournis contre l'institution de l'inspection locale des eaux minérales, et il admet une forme d'inspection s'étendant à toute une région thermale.

Notre confrère définit, les attributions de cette fonction nouvelle, et il propose de la confier, non plus à des inspecteurs-médecins, mais à des ingénieurs-inspecteurs.

« L'ingénieur-inspecteur, dit le *Journal de Cauterets*, veillerait à la tenue des établissements thermaux, recevrait les avis et les réclamations des médecins, étudierait, résumerait ces avis, en tirerait les indications utiles à des réformes pratiques; veillerait à l'aménagement des sources, au bon état du captage, aux recherches qu'il y aurait nécessité de faire. » Mais pourquoi un ingénieur? L'ingénieur n'est que l'accident dans la vie des établissements d'eaux minérales; il y paraît bien moins que le médecin; il n'intervient, à l'heure présente, que pour la dernière des attributions que le *Journal de Cauterets* a relevées, et il vient, non de son autorité, non pour le besoin de la science ou pour l'intérêt direct de la santé publique, mais lorsqu'il est requis comme praticien spécial, pour rectifier le régime d'une source et la rétablir à son état normal. L'aménagement même n'est pas une attribution directe de l'art de l'ingénieur, et l'installation pour l'usage de l'eau minérale; -- tuyauterie, bains, douches, vapeurs, inhalation, sont le fait d'une profession d'ailleurs très experte. L'architecte n'est ni le maçon, ni le charpentier, ni l'appareilleur.

Dans les attributions relevées par le *Journal de Cauterets*, il y aurait plus à faire pour le médecin que pour l'ingénieur, et cela rendrait plus légitime la conclusion du Rapport académique. L'ingénieur n'aurait aucune qualité pour étudier les réclamations des médecins, les résumer, en tirer des indications, ce que nous ne demandons pas de mettre à la charge de l'inspecteur régional, et les médecins ne s'y soumettraient pas.

Ce n'est donc ni médecin ni ingénieur. Nous l'avons dit, c'est administrateur, parce que l'administrateur est l'intermédiaire neutre entre l'antagonisme médical, l'intervention accidentelle du fonctionnaire des mines, et ce mercantilisme que nous voyons mentionné à trois reprises dans le Rapport de l'Académie, sans que nous nous rendions bien compte de reproches qui ne sont pas suffisamment formulés.

Nous n'ajoutons qu'un mot, et tout à fait en passant, sur cette autre proposition du *Journal de Cauterets*, que les frais des travaux de captage, de recherche, de rectification du régime des sources devraient être partagés entre l'Etat et les propriétaires. Notre collègue perd de vue que l'Etat agit pour lui, chez lui, et le propriétaire « en sa demeure » et pour son propre compte. Celui-ci ne saurait sagement réclamer ou accepter une aide qui le mettrait en tutelle. Il recherche, capte et rectifie *ses* sources quand il lui plaît. L'Etat intervient pour les établissements qui ont sollicité la déclaration d'intérêt public, et encore il y a une grande différence entre intérêt public et intérêt du public.

Nous revenons maintenant au Rapport de l'Académie :

« Les avantages de l'inspection régionale répondent-ils à l'objet principal de l'inspectorat médical qui est, l'Académie ne saurait trop le répéter, l'intérêt des malades, lequel se confond avec l'intérêt scientifique? L'inspecteur régional, privé de l'observation clinique, c'est-à-dire du seul moyen qui permette d'apprécier la valeur thérapeutique d'un traitement hydrominéral, pourra-t-il dans ses visites aux établissements confiés à sa surveillance recueillir autre chose que des notions chimiques et physiques sur les eaux, ou des renseignements de seconde main sur leur mode d'emploi, leurs propriétés physiologiques ou curatives? On ne peut pas hésiter à répondre négativement. Aucune étude, en effet, si savante qu'elle soit, ne saurait remplacer l'expérience acquise par une observation prolongée des effets d'un traitement hydro-minéral sur l'organisme sain ou malade. Vous aurez beau multiplier, perfectionner vos analyses, vos moyens d'application, vous serez toujours incapables d'en déduire une propriété curative contre telle ou telle maladie tant que l'expérimentation clinique n'aura pas prononcé. Voilà le point faible de l'inspectorat régional, à qui fera défaut le côté pratique de la science hydrologique.

« En vain répondra-t-on qu'indépendamment de l'inspecteur régional, nomade par nécessité de service, résideront dans chaque station importante des médecins qui pourront acquérir l'expérience qu'une longue pratique des eaux seule peut donner, et qu'ainsi l'intérêt des malades sera sauvegardé.

« Oui, certes, nous reconnaissons que dans les grandes stations thermales où les médecins abondent, ils en seraient ainsi, et que les soins appropriés et les études cliniques n'y feraient pas défaut; mais ce qu'il faut surtout considérer et ce qu'oublient les adversaires de l'inspectorat, c'est ce qui arriverait dans les stations où l'affluence médicale fait défaut, où parfois l'inspecteur est le seul médecin qui exerce dans la localité. Il arriverait que cet inspecteur supprimé serait remplacé par un médecin choisi par l'exploitant et qui, on peut l'affirmer sans hésitation, ne donnerait pas aux malades les garanties que donnait l'inspecteur nommé par le gouvernement. Ces stations d'importance secondaire seraient, comme l'a très bien prévu Gübler, livrées à toutes les fantaisies du mercantilisme. Que pourrait l'inspecteur régional contre cet état de choses? L'inspecteur actuel a cet avantage d'assurer à tout établissement thermal d'un certain intérêt la présence permanente au moins d'un médecin recommandable, ce qui est une garantie fort appréciée des malades et, nous pouvons ajouter, très recherchée par les exploitants honnêtes.

« L'Académie n'a pas à s'occuper du côté budgétaire de la question, qui n'est pas de sa compétence, mais qui devrait nécessairement attirer l'attention des pouvoirs législatifs, parce qu'en effet des médecins régionaux à qui la clientèle serait interdite devraient nécessairement recevoir un traitement en rapport avec cette situation.

« Aux yeux de l'Académie, la question est uniquement de savoir si les avantages de l'inspectorat régional l'emportent sur ses inconvénients au point de vue des intérêts que l'État est chargé de défendre. Ce qui a été dit plus haut ne paraît laisser aucun doute sur ce point. Mais, tout en se prononçant en faveur de l'inspectorat dans sa forme actuelle, l'Académie n'entend pas que l'institution ne soit pas susceptible d'améliorations importantes que nous avons indiquées chemin faisant.

« Ce que l'Académie défend, c'est le principe de la résidence fixe comme donnant le plus de garanties sans porter nécessairement atteinte, comme on l'a dit, aux droits de la concurrence professionnelle, et il en sera ainsi sous ce rapport tant que l'inspecteur ne sortira pas de son rôle en intervenant directement dans la gestion de l'établissement dont il a seulement le contrôle.

« L'Académie ne saurait oublier que l'inspectorat médical, tel qu'il fonctionne aujourd'hui, a compté et compte encore dans ses rangs des noms qui font autorité dans la science hydrologique; que plusieurs, par leurs travaux scientifiques, par l'autorité que donnent le mérite et une longue pratique, ont grandement contribué à fonder la renommée des stations auxquelles ils ont été attachés. Croit-on obtenir mieux ou même aussi bien par des inspecteurs privés de l'observation des malades? L'Académie estime qu'on n'a pas rendu suffisamment justice à la généralité des inspecteurs, nous dirions même à la généralité des médecins qui s'occupent d'hydrologie médicale, en leur reprochant de ne pas produire chaque année des travaux scientifiques remarquables; on ne s'est pas suffisamment rendu compte de la difficulté que présente ce genre d'études, pour arriver à des résultats sérieux. Aussi l'Académie, tout en constatant de l'inertie chez un certain nombre, du mauvais vouloir chez quelques-uns, ne s'associe-t-elle pas à la défaveur qu'on voudrait faire peser sur le corps tout entier, et croit-elle que ceux qui se prononcent dans ce sens ont pris pour base de leurs jugements plutôt l'exception que la règle.

« En résumé, Monsieur le Ministre, l'Académie, en appelant votre attention sur plusieurs points de notre législation concernant les eaux minérales, a tenu à vous faire connaître son sentiment en vue d'une révision dont cette législation pourrait être l'objet. Chargé de vous signaler les conditions qui permettent d'autoriser l'exploitation des sources pour usage médical, et de vous proposer chaque année des récompenses pour des services rendus à la science hydrologique, gardienne en quelque sorte des traditions concernant cette branche importante de nos richesses territoriales, l'Académie a considéré comme un devoir de remettre sous vos yeux les principes qu'elle n'a cessé de défendre dans les questions de sa compétence et les améliorations qu'elle juge réalisables, pour la prospérité de nos stations thermales.

« Le principe fondamental soutenu constamment par l'Académie est que l'exploitation pour usage médical des sources d'eaux minérales est d'un grand intérêt public au point de vue des malades et doit, par conséquent, *être autorisée et surveillée par l'État.* L'inspectorat constitué par la présence d'un médecin inspecteur attaché à chaque station d'une certaine importance est aux yeux de l'Académie le corollaire rationnel de ce principe, et lui paraît répondre le mieux aux intérêts que l'État doit sauvegarder.

« Cette forme de l'inspectorat, la seule praticable avec fruit dans la généralité de nos stations hydrominérales, se prête à toutes les améliorations réclamées par la science hydrologique, et elle permet, dans les grandes stations où les médecins sont nombreux, de faire concourir ceux-ci aux progrès à réaliser, et de les associer pour défendre les intérêts légitimes et la dignité de la pratique professionnelle. »

Les avantages de l'inspection régionale répondent à l'objet principal de l'« institution » des eaux minérales, qui est un grand instrument d'hygiène générale et de santé. L'inspec-

teur régional n'est pas un organe d'observation clinique. Il
n'a pas à apprécier la valeur thérapeutique d'un traitement,
il n'a pas à être juge du mode d'agir des médecins traitants.
Cela serait une espèce d'embrigadement qui nous ramènerait
aux temps autoritaires de l'Intendance ou aux disciplines
nécessaires des services sanitaires. Ne perdons pas de vue, et
répétons-le encore, que les établissements d'eaux minérales
sont des propriétés particulières, ouvertes au public en quête
de santé, propriétés gérées aux risques et périls de ceux dont
elles sont le patrimoine : bains publics, hôtels, casinos, lieux
de plaisir, soumis, cela va sans dire, à une réglementation
discutée entre le propriétaire et le préfet, pour la garantie
du bon ordre, de la morale, de la sécurité, de la salubrité.
L'inspecteur surveille tout cela, dans toute sa région, établissant autant que possible un fonctionnement uniforme, rame-
nant les règlements aux mêmes principes et au même objet ;
n'ayant d'action sur le propriétaire et sur la propriété qu'autant que l'intérêt du public peut s'y trouver compromis.
L'inspecteur n'a que faire spécialement de notions chimiques
et physiques, il n'a pas à se préoccuper d'assurer un captage ni de rectifier un régime ; il n'a pas à contrôler le mode
d'emploi, à étudier par détail les propriétés physiologiques
ou curatives. Pour cela, il y a les médecins, sous leur responsabilité et pour leur réputation professionnelle. A eux
appartient de faire connaître les résultats de leur expérience
acquise et de leurs observations « sur l'organisme sain ou
malade », et de « déduire une propriété curative contre telle
ou telle maladie » ()1.

Et, d'ailleurs, l'inspecteur local ou médecin, n'ayant aucune
autorité sur ses confrères, empressés, par les lois d'un antagonisme fatal, de se soustraire à toute déférence qui serait
une reconnaissance de la fonction contre laquelle ils protes-
tent, où peut-il prendre, ailleurs que sur ses seuls malades,
ces renseignements d'où résultera l'observation clinique et
magistrale de la station ? L'autorité de cette observation
pourrait découler de la supériorité personnelle de l'inspecteur, du plus grand nombre de ses clients, et ce n'est encore
qu'une appréciation relative. Mais s'il n'est pas le plus re-

(1) Premier paragraphe cité, p. 20.

cherché par les malades, s'il n'est pas le plus habile, quelle valeur auront les indications par lui fournies?

Voilà le point faible, — comme dit le rapporteur, — le point faible de l'inspecteur local exerçant. Et l'inspecteur local, médecin non exerçant, n'aura pas une plus efficace autorité.

S'il s'agit de l'analyse, cela n'intéresse que relativement l'inspecteur ou local ou régional. Il y a les chimistes et les physiciens. Pour la géologie, le régime, le captage, l'aménagement, — lettres mortes pour l'inspecteur, à moins d'aptitudes extra-professionnelles, — il y a l'ingénieur, le garde-mines, l'appareilleur.

L'inspecteur régional regardera de plus haut. Il sera l'intermédiaire entre les médecins et l'Administration, entre l'Administration et les établissements. L'organe de tous, parce qu'il ne sera un ombrage pour personne, il règlera l'uniformité dans le fonctionnement; il représentera et centralisera l'action de l'Etat, gardien de la santé publique.

Vient maintenant cette objection, plus spécieuse que réelle, que la suppression de l'inspection locale, dans les stations où l'inspecteur est seul, va livrer celles-ci à toutes les fantaisies du mercantilisme. Et pourquoi cela? Qu'il reçoive le titre d'inspecteur ou bien qu'il exerce librement dans la station, n'est-il pas médecin? N'a-t-il pas, étant l'un ou l'autre, suivi le même enseignement? N'obéit-il pas aux mêmes principes? N'a-t-il pas juré le même serment professionnel?

Médecin-inspecteur, sera-t-il empêché, s'il n'est pas de la localité, d'accepter ou même de réclamer le logement, la table quelquefois, et certains privilèges dans l'établissement? Médecin-inspecteur, en est-il moins ami de la maison, s'intéressant aux succès de l'établissement, et quelquefois intéressé, bien que le décret de 1860 ne le permette pas? Médecin-inspecteur, refuse-t-il sa plume à cette utile littérature monographique répandue au commencement de la saison? S'abstient-il de prendre part à la réclame demandée à la presse spéciale? Lorsqu'il vient à Paris, vers le mois d'avril, respirer l'air amical de la salle des Pas-Perdus, n'est-il pas chargé, par la même occasion, d'aller traiter avec le fermier d'annonces pour les insertions de la quatrième page? Que ferait de plus le médecin « choisi par l'exploitant »? Quelle

autre chose faut-il faire pour être complice de mercantilisme ?
Et c'est parce qu'on a reçu le mandat d'inspecteur, par cela
seulement, qu'on peut « donner des garanties aux malades ? »
Et l'on n'est un « médecin recommandable » que du moment
qu'on a obtenu cette consécration ? Et ceci n'arrive-t-il pas
fréquemment : Vous prenez dans la station où il exerce seul,
ou bien où il a été l'antagoniste ardent de l'inspecteur, ce
médecin, le préféré de l'exploitant, et du jour où il reçoit la
sanction administrative, il devient recommandable, il donne
des garanties ; il est des vôtres!

Et ainsi, ces malheureux médecins libres sont capables de
toutes les indignités vénales ; ils sont les complices des exploitants malhonnêtes!!!

Quelle est d'ailleurs la nature de complaisance, de la part
du médecin, qui mettra en danger la garantie du malade ?
Quelle est la nature de ce mercantilisme ainsi instamment
signalé, qui peut mettre en jeu la sécurité de l'établissement thermal ? Ceci n'est pas articulé. Ce n'est pas un argument sérieux.

Où est le mercantilisme à Challes, par exemple ?

Où est-il à La Bauche ? à Montmirail ? à Montbrun ? à Saint-
Alban ? à Vittel ? Nous connaissons-là des administrations
parfaitement honorables.

Le mercantilisme existe-t-il donc quelque part ailleurs où
il ne serait pas avouable ?

Peut-être faisons-nous ici une question bien imprudente,
et le savant rapporteur de la Commission des eaux minérales
se reprochera-t-il de nous y avoir amenés en actionnant le
« mercantilisme » avec une telle insistance. Ne pourrait-on
pas nous dire, si on le voulait bien, que la pratique médicale
auprès des eaux minérales, que l'antagonisme professionnel,
que l'âpreté à la poursuite du malade, qu'en certaines
stations l'association au pistage, le détournement des
clients, etc., etc., sont aussi des actes de mercantilisme, et
qu'il y a peut-être, et malheureusement, une proportion
égale de ces actes au débet du corps officiel comme à la
charge du corps libre ? S'il y a des médecins consultants
ayant maisons et villas pour loger les clients, n'y a-t-il pas
quelques véridiques dictons d' « inspecteurs hôteliers » ? et
exploitant certains appareils.

Mercantilisme ici, mercantilisme là, il vaut mieux n'en rien dire.

Le rapporteur admet ici (1) qu'il peut arriver « que l'inspecteur sorte de son rôle en intervenant directement dans la gestion de l'établissement dont il a seulement le contrôle ». Cette allégation nous semble de haute, de très haute fantaisie, et nous ne sachons pas que ce soit jamais arrivé. Il y a dans ceci un jeu d'imagination que rien ne nous explique et que rien ne motive. Un propriétaire d'établissement venant à manquer, il y a une famille qui prend le soin des intérêts dont elle hérite; il y a un régisseur, un syndic, un curateur qui survient, il y a en un mot tous les moyens légaux, toutes les coutumes commerciales. Nous ne sachons pas qu'il puisse arriver qu'un médecin-inspecteur descende de sa dignité pour faire cet acte de gérance qui ne le regarde aucunement; et si le médecin-inspecteur se trompait à ce point sur la portée de ses attributions, ce ne serait pas longtemps toléré. La pensée de s'ingérer dans une semblable affaire ne viendrait pas à un médecin simplement consultant.

Nous ne savons par quel fait d'aventure le rapporteur a pu être conduit à une semblable supposition.

Nous savons, et le témoignage en demeure dans les vingt-trois volumes des vingt-trois années de notre journal, quels hommes éminents, professeurs savants, écrivains distingués, cliniciens attentifs, médecins experts, le corps inspectoral des eaux minérales a comptés et compte encore aujourd'hui. Notre argumentation, expression d'un sentiment de juste libéralisme, fruit de vingt années d'observations faites dans une complète neutralité, n'a en vue aucune personnalité ; nous les connaissons et les apprécions toutes. Est-ce à dire qu'il faille nier que les médecins exerçant librement dans nos stations n'aient pas à mentionner aussi parmi eux des hommes d'un grand talent et d'un caractère hautement « recommandable ? » Les premiers disparaîtront-ils pour cela, et leurs lumières manqueront-elles à la science hydrologique? Ont-ils donc besoin de l'étiquette officielle pour retrouver, dans le rang de tous, la légitime notoriété qu'ils ont acquise et la clientèle qu'ils ont étant inspecteurs? Ils n'en seront que plus libres, lorsqu'ils auront déposé des attributions qui ne sont

(1) 6ᵉ paragraphe de la citation qui précède.

plus qu'un fâcheux prétexte à rivalités non légitimes, d'enrichir la science de travaux vainement attendus. Et s'il y a, comme l'affirme le rapporteur, « inertie chez un certain nombre, mauvais vouloir chez quelques autres », bien venue sera une mesure qui leur rendra leur indépendance, et qui mettra les membres de la plus libérale des professions à l'abri de remontrances ainsi formulées.

Nous établirons dans la seconde partie de cette discussion comment, à notre avis, et parce que nous avons la conscience de la lumière qui a lui, et du progrès qui s'est fait depuis cinquante-sept ans, il n'est plus utile que la très normale industrie des eaux minérales soit en tutelle, et comment il importe qu'elle soit maintenant dégagée des précautions d'autorisation préalable et de surveillance ombrageuse qu'édictait l'ordonnance de 1823. Ce que nous achevons de discuter ici, c'est l'inspectorat local, qui n'est plus, quoi qu'en dise le rapporteur, « cette seule forme qui se prête à toutes les améliorations réclamées ». Si cela était ainsi, pourquoi s'est-elle si tenacement refusée, depuis qu'on l'en sollicite, et pourquoi, depuis le rapport de Gübler, « cette forme » a-t-elle si mal témoigné de sa bonne volonté et de son souci de la dignité professionnelle ? *Verba, non facta !*

Ce que nous croyons devoir préconiser maintenant, c'est l'inspectorat administratif régional, et, à l'encontre du Rapport de l'Académie, nous croyons cette dernière institution plus simple, plus profitable, plus conforme « à la dignité de la pratique professionnelle » que cette forme des siècles passés, qui nous paraît avoir fait son temps.

Après avoir discuté cette partie principale du Rapport de l'Académie de médecine, relative à l'inspection médicale des eaux minérales, il nous incombe nécessairement le devoir de développer le projet que nous avons formulé d'une inspection régionale *administrative*, et d'expliquer comment nous en comprenons le fonctionnement.

A l'heure présente, nous croyons que c'est bien démontré, il ne reste plus aux médecins-inspecteurs que des attributions sans rapport avec l'aptitude professionnelle, et qui tendent au caractère administratif, soyons plus précis, au caractère de police administrative. L'exécution du règlement intérieur, la surveillance de la liste des malades, le contrôle de l'équitable distribution des heures, la bonne tenue des établissements balnéaires, la « séparation des sexes », un dada des temps plus moraux que le nôtre, l'assistance à l'embouteillage des eaux expédiées, la délivrance des certificats d'origine et quelques autres puérilités, ce n'est pas autre chose.

Ce qui est réellement utile dans ces fonctions, il faut, il nous semble, que ce soit nettement administratif, et que la surveillance des établissements et des exploitations industrielles d'eaux minérales soit exercée largement, et non plus étroitement ni localement. C'est ainsi que les encouragements auront plus de portée et que les améliorations introduites dans la pratique des moyens matériels de traitement des malades se généraliseront et se divulgueront davantage.

Cela dit, voici comment nous résumerions nos propositions au sujet de cette réforme, depuis si longtemps sollicitée :

D'abord la loi, qui nous a toujours paru devoir comprendre en un seul corps tout ce remaniement de la réglementation ancienne, devenue en partie caduque. Nous avons dit, en commençant, que nos amis, peut-être un peu trop indifférents aux questions d'exploitation; de surveillance morale et de protection, ont désiré nous voir traiter séparément, pour en demander la solution avant tout, cette question plus brûlante pour eux de l'inspection.

Notre projet général compte seize articles; deux de ces articles peuvent en être distraits, comme avant-coureurs, pour répondre aux aspirations dont nous sommes l'interprète. Ils viendront comme conclusion de la discussion que nous avons opposée à une partie du Rapport de l'Académie de médecine.

« Projet :

« 1. Les stations hydrominérales de la France (établissements thermaux et bains de mer) sont placés sous la surveillance du Ministre de l'Agriculture et du Commerce.

« Cette surveillance a pour objet d'assurer, dans les établissements et d'une manière uniforme, l'ordre, la police, la salubrité, la bonne organisation du service balnéaire, l'observation des tarifs, l'exercice de la profession médicale à l'exclusion de toute prérogative, et de provoquer les améliorations matérielles réclamées par la science.

« 2. Il est institué, à cet effet, des inspections administratives régionales, dont le fonctionnement sera déterminé par un règlement d'administration publique.

« L'inspection médicale auprès de chaque établissement d'eaux minérales est et demeure supprimée. »

Cela établi, vient le règlement d'administration publique. Nous extrayons de notre projet de règlement général, qui compte 42 articles, le titre IV, qui a pour objet :

« *De l'inspection des sources et établissements d'eaux minérales.*

« TITRE IV. — Article 20. — Les stations d'eaux minérales et les stations maritimes de la France sont partagées en cinq arrondissements d'inspection administrative, conformément au tableau de répartition annexé au présent règlement.

« Ce tableau pourra d'ailleurs être modifié par décisions du Ministre de l'Agriculture et du Commerce. »

Nous donnons dès à présent ce tableau, tel que nous l'avions établi, en 1877, lorsque nous avons dressé, sur l'invitation de M. le Commissaire général, Krantz, le plan d'organisation de l'exposition spéciale des eaux minérales françaises. Cette distribution des départements est, à peu de chose près, conforme à celle que M. Levasseur, de l'Institut, a proposée dans son remarquable ouvrage : *La France avec ses colonies.*

« Tableau *des arrondissements d'inspection administrative régionale.*

« 1. *Région du Centre :* Nièvre, Saône-et-Loire, Allier, Creuse, Loire, Haute-Loire, Puy-de-Dôme, Cantal, Lozère, Aveyron, Lot (onze départements : Bourbonnais, Auvergne, Cévennes septentrionales).

« II. *Région de l'Est :* Vosges, Haute-Marne, Haute-Saône, Doubs, Jura (cinq départements : Vosges, Franche-Comté, Bourgogne).

« III. *Région du Sud-Est :* Haute-Savoie, Savoie, Isère, Ardèche, Drôme, Hautes-Alpes, Basses-Alpes, Vaucluse, Bouches-du-Rhône, Gard, Hérault, plus la Corse et les stations maritimes (onze départements : Dauphiné, Cévennes méridionales, Savoie).

« IV. *Région du Sud :* Aude, Pyrénées-Orientales, Ariège, Haute-Garonne, Gers, Hautes-Pyrénées, Basses-Pyrénées, Landes, Tarn, Lot-et-Garonne, Gironde (onze départements, plus les stations maritimes).

« V. *Région du Nord :* Seine, Seine-et-Oise, Seine-et-Marne, Oise, Nord, Seine-Inférieure, Orne, et les stations maritimes (sept départements : Bassin séquanien, etc.).

« Art. 21. — Les arrondissements d'inspection sont visités. chaque année, par des inspecteurs régionaux nommés par le Ministre de l'Agriculture et du Commerce.

« Les inspecteurs régionaux ne péuvent être choisis parmi les médecins exerçant dans les stations d'eaux minérales.

« Art. 22. — Les inspecteurs régionaux des eaux minérales nt pour mission :

« De veiller à la bonne tenue des établissements d'eaux minérales et de s'assurer que les conditions nécessaires à la santé publique y sont constamment observées.

« De tenir la main au bon ordre dans ces établissements, et à l'observation des règlements généraux ou particuliers qui doivent y garantir :

« 1° Le libre usage des eaux ;

« 2° La régulière distribution des bains et des douches selon l'ordre d'inscription des baigneurs, et sans aucune préférence arbitraire ;

« 3° L'observation des tarifs ;

« 4° La protection particulière due aux malades indigents ;

« 5° Les mesures d'ordre et de police à observer pour que le service balnéaire soit fait avec exactitude, et avec égards pour les convenances de tous.

« Art. 23. — L'inspecteur s'assure que le règlement d'ordre et les tarifs sont régulièrement affichés dans les endroits apparents de l'établissement. Il constate qu'il n'est pas exigé de prix supérieurs à ceux portés au tarif.

« Art. 24. — Il exige qu'il soit fait des règlements dans les stations qui n'en ont pas.

« Art. 25. — L'inspecteur tient la main à ce que, dans la galerie principale ou dans le bureau de l'établissement soit placé, à la disposition des baigneurs, un registre coté et paraphé, destiné à recevoir leurs réclamations. Il relève lui-même ces réclamations afin d'y faire droit.

« Art. 26. — Il réfère au ministre des résistances qu'il rencontre, et des désordres qui lui seraient signalés et qui compromettraient l'intérêt des baigneurs et la santé publique.

« Il peut, si ces désordres deviennent graves et si la résistance des propriétaires ou fermiers est trop absolue, proposer au ministre la fermeture momentanée de l'établissement.

« S'il lui parvient des plaintes sur le débit ou le régime des sources, il peut réclamer l'intervention des ingénieurs des mines pour faire visiter ces sources, afin d'inviter le propriétaire à en assurer la conservation et l'isolement.

« Art. 27. — L'inspecteur recueille des renseignements statistiques sur le nombre des malades qui sont traités, soit à titre onéreux, soit gratuitement; sur les quantités d'eau minérale expédiées; sur les sommes répandues dans le pays par le mouvement des baigneurs. Il consulte à cet effet le directeur ou propriétaire de l'établissement, l'autorité locale et les médecins exerçant dans la station.

« Art. 28. — L'inspecteur se fait signaler les sources nouvellement découvertes, celles dont l'exploitation ne serait pas entreprise, et il aide les efforts des propriétaires, soit en sollicitant l'appui du ministre, soit en réclamant du laboratoire de l'Académie de médecine ou de l'École des mines des analyses des eaux de ces sources.

« Art. 29. — Les diverses subventions distribuées chaque année aux établissements thermaux sont données après rapports et propositions des inspecteurs régionaux.

« Art. 30. — Les inspecteurs provoquent les travaux et communications des membres du corps médical pour les transmettre au ministre.

« Ces communications comprennent particulièrement :

« 1° Les observations relatives à l'aménagement des sources, à l'installation des établissements et des appareils, aux diverses pratiques de la cure;

« 2° Les observations sur les propriétés des eaux, sur leur action, et sur les applications plus spéciales qui en auraient été faites dans le cours de la saison ;

« 3° Des notes sur le climat, la thermométrie, la météorologie, etc.

« 4° Des renseignements statistiques, donnés de concert avec le directeur ou propriétaire de l'établissement et avec l'autorité locale, sur le nombre de malades traités dans l'établissement, soit à titre onéreux, soit gratuitement, et sur les faits d'assistance publique auxquels le corps médical a pris part.

« ART. 31. — D'après les communications qu'ils sont en position de recueillir, les inspecteurs régionaux établissent des rapports qu'ils adressent au Ministre de l'Agriculture et du Commerce avec leurs observations et propositions. Le Ministre du Commerce transmet des extraits de ces rapports à l'Académie de médecine, pour les questions qui sont de la compétence de ce corps savant, et y joint les travaux originaux des médecins, afin que l'examen puisse en être fait pour le rapport général que la Commission des Eaux minérales près l'Académie doit présenter avant l'ouverture de la saison des eaux. L'Académie propose, dans ce rapport général, des récompenses destinées aux médecins dont les travaux auront été le plus profitables aux progrès de la science.

« ART. 32. — L'inspection administrative procède de la même manière auprès de tous les établissements, soit qu'ils appartiennent à l'État, régis ou affermés, soit qu'ils appartiennent aux départements, aux communes, à des établissements charitables, ou à des particuliers. »

Nous aborderons maintenant l'examen de la partie du rapport de l'Académie de médecine, relative aux questions d'autorisation, d'exploitation et de protection. Ce n'est pas, à notre point de vue et au point de vue des intérêts administratifs et industriels, le chapitre le moins intéressant de la tâche que nous nous sommes donnée.